Unia Genosis

ROSEN-KRIEG - Siebzehnter Band

Unia Genosis

ROSEN-KRIEG - Siebzehnter Band

"war of the roses" / "guerre des roses"

Goldene Rakete Verlag für Belletristik

Imprint
Any brand names and product names mentioned in this book are subject to trademark, brand or patent protection and are trademarks or registered trademarks of their respective holders. The use of brand names, product names, common names, trade names, product descriptions etc. even without a particular marking in this work is in no way to be construed to mean that such names may be regarded as unrestricted in respect of trademark and brand protection legislation and could thus be used by anyone.

Cover image: www.ingimage.com

Publisher:
Goldene Rakete Verlag für Belletristik
is a trademark of
International Book Market Service Ltd., member of OmniScriptum Publishing Group
17 Meldrum Street, Beau Bassin 71504, Mauritius

Printed at: see last page
ISBN: 978-620-0-51859-0

Inhaltsverzeichnis:

I. **Überprüfungsverfahren (2020):**

1. Schreiben des Amtsgerichts an die Kanzlei „Wohlsein“:[1]

In Sachen

A. ./. G.

wg. elterl. Sorge

Hier: Bewilligung von Verfahrenskostenhilfe:

Überprüfungsverfahren

[1] 30.12.2019

Sehr geehrte Damen und Herren Rechtsanwälte,

nach den vorliegenden Unterlagen haben sich die persönlichen und wirtschaftlichen Verhältnisse der Antragsgegnerin, die der ursprünglichen Bewilligung zugrunde lagen, wesentlich geändert.

Der von der Antragsgegnerin nach § 76 Abs. 1 FamFG, § 115 Abs. 1 ZPO für die Kosten der Verfahrensführung einzusetzende Teil des Einkommens berechnet sich wie folgt:

Brutto/Nettoeinkommen

Monatseinkommen netto

Gesamt

Einkommen:

Hiervon sind abzusetzen:

Versicherungen

Wohnkosten

Besondere Belastungen

Freibeträge

Verbleibendes einzusetzendes Einkommen:

Entsprechend § 76 Abs. 1 FamFG, § 115 Abs. 1 ZPO sind aus dem einzusetzenden Einkommen auf die entstandene Kostenschuld monatliche Raten zu bezahlen.

Rundfunkbeiträge sind nicht zu beachten. Diese sind bereits im allgemeinen Freibetrag berücksichtigt.

Auch die Kosten für Strom sind bereits in diesem erhalten.

Ebenfalls nicht abzugsfähig sind Zahlungen an Rechtsschutzversicherungen.

Im Rahmen der Bewilligung von Verfahrenskostenhilfe sind nur solche Versicherungen angemessen, die den Versicherten vor besonderen Gefahren schützen sollen, denen die Allgemeinheit ausgesetzt ist. Für Rechtsschutzversicherungen trifft dies allerdings nicht zu (OLG Brandenburg FamRZ 2009, 897).

Auch die Kosten für Inspektionen, Wartungskosten und Renovierungsgebühren sind nicht abzugsfähig.

Diese sind auch in dem allgemeinen Freibetrag erhalten.

Der Antragsgegnerin wird Gelegenheit gegeben sich hierzu binnen einer Frist von

2 Wochen

Zu äußern.

Nach Ablauf dieser Frist wird das Gericht die angekündigte Ratenzahlung anordnen.

Die Zustellung der Entscheidung wird gemäß § 172 Abs. 1 ZPO an Sie erfolgen (BGH, Beschluss vom 08.02.2010, XII ZB 38/09).

Mit freundlichen Grüßen

Auf Anordnung

Justizbeschäftigte

2. Schreiben der Kanzlei „Wohlsein“ an die Kindesmutter:[2]

In Sachen: G. ./. A.

Sehr geehrte Damen und Herren,

anliegendes Dokument übersenden wir Ihnen

mit der Bitte um Öffnung und Kenntnisnahme.

Mit freundlichen Grüßen

i.A. Rechtsanwaltsgehilfin

Kanzlei Wohlsein

[2] 17.01.2020

3. Schreiben der Kanzlei „Wohlsein“ an die Kindesmutter:[3]

In Sachen: A. ./. G.

Sehr geehrte Kindesmutter,

in vorbezeichneter Angelegenheit erhalten Sie das Schreiben des Amtsgerichts vom 14.01.2020 zur Kenntnisnahme.

Eine Frist zur Stellungnahme ist auf den **20.01.2020** gesetzt worden.

Mit freundlichen Grüßen

Rechtsanwältin

[3] 17.01.2020

4. Schreiben der Kindesmutter an die Rechtsanwältin:[4]

Sehr geehrte Frau Rechtsanwältin,

das Schreiben des Amtsgerichts habe ich zur Kenntnis genommen.

Am 10.10.2016 hatte das Amtsgericht - Familiengericht - beschlossen: "Der Antragsgegnerin wird für den ersten Rechtszug mit Wirkung ab 28.07.2016 **Verfahrenskostenhilfe** bewilligt (§ 76 Abs. 1 FamFG, §§ 114, 119 Abs. 1 ZPO)." "Die Bewilligung erfolgt teilweise mit Zahlungsanordnung. Auf die voraussichtlichen Kosten der Verfahrensführung sind aus dem Einkommen **eine** Monatsraten von 452,00 €, zahlbar bis 03.11.2016, an die Landesjustizkasse zu zahlen (§ 76 Abs. 1 FamFG, §§ 114, 115 Abs. 1, 115 Abs. 2, 120 Abs 1 ZPO). **Danach wird Verfahrenskostenhilfe ohne Ratenzahlung gewährt."**

Aus der beiliegenden Einkommensberechnung für September 2016 geht eine Monatsrate gemäß § 115 ZPO von 452,00 € hervor. Aus der beiliegenden Einkommensberechnung ab Oktober 2016 geht eine Monatsrate gemäß § 115 ZPO von 0,00 € hervor.

Bitte teilen Sie mir mit, auf welchen Betrag sich die sogenannte "entstandene Kostenschuld" beläuft bzw. mit wie vielen "monatlichen Raten von 989,00 €" ich zu rechnen hätte.

[4] 17.01.2020

Die ersten beiden Fragen auf der ersten Seite des VKH-Antrages beziehen sich auf die Mitgliedschaft innerhalb einer Rechtsschutzversicherung: "1. Trägt eine Rechtsschutzversicherung ... die Kosten Ihrer Prozess- oder Verfahrensführung?" bzw. "2. Wenn nein: Besteht eine Rechtssschutzversicherung ..., die die Kosten der beabsichtigten Prozess- oder Verfahrensführung tragen oder einen Prozessbevollmächtigten stellen könnte?"

Es scheint also großes Interesse seitens des Gerichts daran zu bestehen, 1. dass eine Rechtsschutzversicherung besteht und 2. dass diese die Kosten der Prozess- und Verfahrensführung tragen kann. Von daher ist es völlig inkonsequent und widersinnig, Zahlungen an Rechtsschutzversicherungen nicht als abzugsfähig anzuerkennen.

Das Elterngeld von 187,50 € dürfte ebenfalls nicht weiterhin berücksichtigt werden, da die letzte Zahlung für den Kalendermonat Dezember 2019 erfolgte und ab Januar 2020 mit keinerlei weiteren Zahlung diesbezüglich zu rechnen ist.

Auch andere kleine "Fehler" haben sich in der auf Seite 2 aufgeführten Liste eingeschlichen, die wie folgt zu korrigieren wären:

Unter der Rubrik "Versicherungen" fehlt die sog. Box-Plus-Versicherung über monatlich 51,06 €. (Zudem konsequenterweise die Rechtsschutzversicherung über monatlich 20,54 €, wie oben aufgeführt.)

Unter der Rubrik "Wohnkosten" fehlen die Telefon/Telekom-Gebühren über monatlich 44,70 €. Zudem wären zu ergänzen die Handykosten über 83,55 €, welche der Kindesvater von mir fordert (siehe Anhang I).

Unter "Besondere Belastungen" wäre zu ergänzen, dass die älteste Tochter ab Januar 2020 eine monatliche Unterhaltszahlung von 300,00 € bzw. 306,24 € verlangt (siehe Anhang II).

Außerdem möchte ich darauf hinweisen, dass sich das zu zahlende Essensgeld für die Zwillinge ab Januar 2020 von monatlich 54,00 € auf 58,00 € erhöht (siehe Anhänge III + IV). Ergibt als Summe monatlich 116,00 €.

Darüber hinaus möchte ich nicht unerwähnt lassen, dass derzeit die Beantragung eines Ganztagesplatzes mit Übermittagbetreuung auch für die jüngste Tochter läuft (siehe Anhang V).

Somit sollte davon ausgegangen werden, dass sich das aktuelle monatliche Essensgeld dementsprechend nicht nur verdoppelt (für die Zwillinge), sondern verdreifachen wird (für alle drei Kleinkinder). Dies ergäbe somit einen Essensgeldbetrag von monatlich 174,00 €.

Auch das monatlich anfallende Getränkegeld von 5,00 € pro Kind sollte nicht vernachlässigt werden. Dies ergibt bei einem Getränkegeld für 3 Kinder à 5,00 € immerhin einen zu ergänzenden Zusatzbetrag von 15,00 € monatlich.

Somit müssten die berechneten Summen vorab wie folgt korrigiert werden:

Einkommen: 3.836,20 € - 187,50 € Elterngeld = **3.648,70 €.**

Abzusetzende Zusatzkosten:

Versicherungen:

- Boxplusversicherung: 51,06 €
- Rechtsschutzversicherung: 20,54 €

Wohnkosten:

- Telefon/Telekom: 44,70 €
- Wartungspauschale Gastank: 5,95 € (siehe Anhang VI)
- Abfallgebühren: 11,95 €
- Reparaturkosten für die Zentralheizung im Wohnhaus: 184,31 € : 12 = 15,36 € (siehe VKH-Antrag, Anlage 32)
- Reparaturarbeiten anlässlich eines Sturmschadens an der Regenrinne: 161,66 € : 12 = 13,47 € (siehe VKH-Antrag, Anlage 34)

Besondere Belastungen:

- Anwaltskosten bzg. Kindesunterhalt: 300,00 € : 12 = 25,00 € (siehe VKH-Antrag, Anlage 29)
- Unterhalt für die älteste Tochter: 306,24 €
- Handykosten für die zweitälteste Tochter: 83,55 €
- Essensgeld für die zweitälteste Tochter: 59,40 € (siehe VKH-Antrag, Anlage 37)
- Essensgeld Zwillinge: 116,00 €
- Essensgeld für die jüngste Tochter: 58,00 €
- Getränkegeld: 15,00 €
- Portokosten: 57,65 €

Ergänzung der Zusatzkosten somit um monatlich: 625,87 €

Das verbleibende einzusetzende Einkommen reduziert sich somit von 1.979,77
a) um 187,50 € Elterngeld (siehe oben) = 1.792,27 €
b) um 625,87 € Zusatzkosten (siehe oben) = 1.166,40 €.

Durch die Reduktion des einzusetzenden Einkommens auf 1.166,40 € reduziert sich dementsprechend auch die Höhe der monatlichen Raten schätzungsweise auf 176,00 €.

Dies möge in der Neuberechnung des Gerichts Berücksichtigung finden.

Daher bitte ich bei der Berechnung zumindest zu berücksichtigen, dass sich das Gesamtsaldo bzw. mein sog. "Vermögen" vom 09.12.2019 bis zum 14.01.2020 bereits um insgesamt **7.715,64 € reduziert** hat.

Mir darüber hinaus die Kosten für "Inspektionen, Wartungskosten und Renovierungsgebühren" abzuerkennen, bedeutet, mich zielstrebig einem finanziellen Ruin in die Arme zu treiben.

Und dies, obwohl davon 4 minderjährige Kinder unmittelbar betroffen sind. Dies halte ich für einen gnadenlosen unbarmherzigen Akt.

Ein Gericht, dass per se auf das Wohl des Kindes Wert legt, sollte auch das Wohl der Kinder nicht aus dem Auge verlieren.

Mit freundlichen Grüßen

Kindesmutter

5. Schreiben der Kindesmutter an die Rechtsanwältin:[5]

Aktenzeichen

Sehr geehrte Frau Rechtsanwältin,

außerdem bitte ich das Gericht darum, ein Überprüfungsverfahren auch auf der Gegenseite einzuleiten und durchzuführen und zwar in sämtlichen Fällen, in welchen der Gegenseite ab dem Jahr 2010 Verfahrenskostenhilfe zugesagt worden ist.

Insbesondere auch aus dem Grund, um sich nicht vorwerfen lassen zu müssen, hier einseitige Übervorteilung zu betreiben.

Mit freundlichem Gruß

Kindesmutter

[5] 18.01.2020

6. Schreiben der Kindesmutter an die Rechtsanwältin:[6]

Sehr geehrte Frau Rechtsanwältin,

am 29.08.2016 hat das Amtsgericht - Familiengericht - durch die Richterin am Amtsgericht beschlossen:

"1. Die Gerichtskosten des Verfahrens haben der Antragsteller und die Antragsgegnerin je zur Hälfte zu tragen. Die außergerichtlichen Kosten des Verfahrens werden nicht erstattet.

2. Der Verfahrenswert wird auf 3.000,00 € festgesetzt."

Außerdem hat das Amtsgericht - Familiengericht - durch die Richterin am Amtsgericht am 29.08.2016 beschlossen:

"Der Antrag der Antragsgegnerin vom 28.07.2016 auf Bewilligung von Verfahrenskostenhilfe wird abgelehnt."

"Nach § 76 Abs. 1 FamFG, § 115 ZPO wären Raten in Höhe von 179,00 € zu leisten. Für den Monat September wäre jedoch aufgrund des noch bestehenden höheren Nettoeinkommens aus nicht selbständiger Tätigkeit ... eine Rate von 790,00 Euro zu leisten. ... Die voraussichtlichen Kosten der Verfahrensführung in der Höhe von 795,37

---

[6] 19.01.2020

€ übersteigen jedoch vier Monatsraten (September, Oktober, November, Dezember) nicht, § 76 Abs. 1 FamFG, § 115 Abs. 4 ZPO."

Am 10.10.2016 hat das Amtsgericht - Familiengericht - durch die Richterin am Amtsgericht beschlossen:

"Der Antragsgegnerin wird für den ersten Rechtszug mit Wirkung ab 28.07.2016 Verfahrenskostenhilfe bewilligt (§ 76 Abs. 1 FamFG, §§ 114, 119 Abs. 1 ZPO)."

"Auf die voraussichtlichen Kosten der Verfahrensführung sind aus dem Einkommen eine Monatsraten von 452,00 € zahlbar bis 03.11.2016,
an die Landesjustizkasse zu zahlen (§ 76 Abs. 1 FamFG, §§ 114, 115 Abs. 1, 115 Abs. 2, 120 Abs. 1 ZPO). Danach wird Verfahrenskostenhilfe ohne Ratenzahlung gewährt."

Ich entnehme diesen Beschlüssen des Amtsgerichts folgende Informationen:

1. Die Gerichtskosten sind nur zur Hälfte zu tragen.
2. Der Verfahrenswert wurde auf 3.000,00 € festgesetzt.
3. Die Kosten der Verfahrensführung belaufen sich auf 795,37 €.
4. Eine Monatsrate von 452,00 € habe ich bereits im Oktober 2016 bezahlt.

Bitte teilen Sie mir mit:

1. auf welche konkrete Summe sich die sogenannte "entstandene Kostenschuld" beläuft bzw.

2. wie hoch die Anzahl der "monatliche[n] Raten von 989,00 €" wäre,

damit ich hier in etwa einen finanziellen Überblick aufgrund des willkürlich angesetzten Überprüfungsverfahrens behalten kann.

Erneut bitte ich darum, auch den Antragsteller einem Überprüfungsverfahren zu unterziehen, da ihm in diversen juristischen Fällen ab 2010 Verfahrenskostenhilfe bewilligt wurde und sich seine finanzielle Situation seither ebenfalls "verbessert" hat (immerhin ist er nicht mehr "arbeitslos", sondern in einer Viertel- oder gar Drittelstelle als Pastor und darüber hinaus als Grabredner in Selbständigkeit tätig).

Mit freundlichen Grüßen

Kindesmutter

7. Schreiben der Kanzlei „Wohlsein“ an die Kindesmutter:[7]

In Sachen: G. ./. A.

Sehr geehrte Damen und Herren,

anliegendes Dokument übersenden wir Ihnen

mit der Bitte um Öffnung und Kenntnisnahme.

Mit freundlichen Grüßen

i.A. Rechtsanwaltsgehilfin

Kanzlei Wohlsein

[7] 27.01.2020

8. Schreiben der Kanzlei „Wohlsein“ an die Kindesmutter:[8]

In Sachen: A. ./. G.

Sehr geehrte Kindesmutter,

in vorbezeichneter Angelegenheit werde ich Ihre per E-Mail übermittelten Ergänzungen zu den Einzelheiten des ursprünglich bewilligten und nunmehr aufgehobenen Verfahrenskostenhilfeantrags an das Gericht weiterleiten. Hinsichtlich des aktuellen Bankguthabens bitte ich hierzu noch um Hereinreichung aktueller Kontoauszüge.

Angesichts der gesetzlichen Überprüfungspflicht, normiert in § 120a ZPO, gehe ich davon aus, dass auch der Antragsteller einem Überprüfungsverfahren unterzogen wird. Eine Überprüfung der VKH-Entscheidung richtet sich nach § 120a ZPO.

Mit freundlichen Grüßen

Rechtsanwältin

[8] 27.01.2020

9. Schreiben der Kindesmutter an die Rechtsanwältin:[9]

Aktenzeichen

Sehr geehrte Frau Rechtsanwältin,

anbei - wie erbeten - meine Hereinreichung aktueller Kontoauszüge. Das Gericht möge bitte mein enorm geschrumpftes Bankguthaben berücksichtigen.

Außerdem möge das Gericht bitte noch einmal explizit darauf hingewiesen bzw. daran erinnert werden, nach § 120a ZPO auch den Antragsteller einem Überprüfungsverfahren zu unterziehen.

Mit freundlichem Gruß

Kindesmutter

[9] 27.01.2020

10. Schreiben der Kindesmutter an die Rechtsanwältin:[10]

Aktenzeichen

Sehr geehrte Frau Rechtsanwältin,

anbei noch einmal die an den Rechnung ausstellenden Handwerker gesandten Überweisungsbelege der leider noch nicht vollständig beglichenen Handwerkerrechnung vom gestrigen Tag.

Da mein Konto aktuell nicht über die notwendige Deckung verfügt, muss die Überweisung des noch offenen Betrages von 2 x 2.000,00 Euro = 4.000,00 Euro zu einem späteren Zeitpunkt manuell nachbearbeitet werden.

Dementsprechend wären noch weitere 4.000,00 Euro von meinem vermeintlichen Guthaben abzuziehen.

Mit freundlichem Gruß

Kindesmutter

[10] 27.01.2020

11. Schreiben der Kindesmutter an die Rechtsanwältin:[11]

Aktenzeichen

Sehr geehrte Frau Rechtsanwältin,

wie ich jetzt erst gesehen habe,

wurden die Überweisungsbelege leider nicht mit verschickt.

Daher füge ich Sie diesem Schreiben noch einmal bei.

Mit freundlichem Gruß

Kindesmutter

[11] 27.01.2020

II. Ausgleichsanspruch (2020):

1. Verfügung des Amtsgerichts:[12]

Verfügung

In Sachen

G. ./. A.

wg. Unterhalt Kind

I. Aufforderungen, Anordnungen und Hinweise

1. Es wird ein schriftliches Vorverfahren durchgeführt.

2. Hinweise an die Antragstellerseite:

2.1. Bei nicht form- und fristgerechter Verteidigungsanzeige der Antragsgegnerseite kann die Antragstellerseite

[12] 17.01.2020

Antrag auf Erlass eines Versäumnisbeschlusses stellen. Dieser Antrag ist bereits vor Ablauf der Frist zur Abgabe der Verteidigungsanzeige zulässig. Wurde ein solcher Antrag gestellt, ist eine Entscheidung ohne mündliche Verhandlung durch Versäumnisbeschluss auch dann zulässig, wenn in der Antragsschrift keine ausreichenden Angaben zu Nebenforderungen (wie z. B. Zinsen, Schreibauslagen o. ä.) gemacht wurden. Diese Nebenforderungen werden dann auch keinen Erfolg haben.

2.2. Der Antragstellerin wird aufgegeben mitzuteilen, ob mit der Zahlung der Gerichtskosten der VKH-Antrag als zurückgenommen angesehen werden soll oder ob er weiterverfolgt wird. Frist zur Stellungnahme: 2 Wochen.

3. An die Antragsgegnerseite ergehen gemäß §§ 113 FamFG, 276 ZPO folgende Aufforderungen:

3.1. Sie hat durch Ihren Rechtsanwalt die Absicht der Verteidigung binnen einer

Notfrist von zwei Wochen

ab Zustellung der Antragsschrift schriftlich anzuzeigen.

Belehrung:

Die Frist kann nicht verlängert werden und ist nur dann gewahrt, wenn die Anzeige innerhalb der Frist bei Gericht eingeht. Geht sie nicht innerhalb der Frist ein, kann dies zu einem Verlust des Verfahrens führen. Das Gericht kann auf Antrag der Gegenseite einen Versäumnisbeschluss erlassen (§§ 113 FamFG, 331 ZPO). In diesem Fall können der säumigen Beteiligtenseite auch die Gerichtskosten und die notwendigen Auslagen der Gegenseite auferlegt werden (§ 243 FamFG).

Aus dem Versäumnisbeschluss kann der Gegner der säumigen Beteiligtenseite gegen diese die Zwangsvollstreckung betreiben, soweit die sofortige Wirksamkeit angeordnet wurde (§§ 116 Abs. 3, 120 Abs. 1 FamFG).

3.2. Sie hat durch Ihren Rechtsanwalt auf das Antragsvorbringen innerhalb von

zwei Wochen

nach Ablauf der unter Ziffer 3.1. genannten Notfrist schriftlich zu erwidern, wenn sie sich gegen den Antrag verteidigen will.

Belehrung

gemäß §§ 113, 115 FamFG, 277 Abs. 2 ZPO

Die Frist ist nur dann gewährt, wenn die Erwiderung vor Ablauf der Frist bei Gericht eingeht. Die Antragsgegnerseite kann sich bis zum Ablauf dieser Frist gegen den Antragsanspruch verteidigen und zum Beispiel Einreden und Einwendungen, Beweisangebote und Beweiseeinreden vorbringen. Die Antragserwiderung und Verteidigungsmittel, welche erst nach Ablauf der gesetzten Frist und somit nicht rechtzeitig eingehen bzw. vorgebracht werden, können zurückgewiesen werden, wenn ihre Zulassung nach freier Überzeugung des Gerichts die Erledigung des Verfahrens verzögern würde und die Verspätung auf grober Nachlässigkeit beruht. **Das Verfahren kann also allein wegen einer Fristversäumnis verloren werden.** Die oben gesetzte Frist kann nur ausnahmsweise auf Antrag bei Vorliegen erheblicher Gründe verlängert werden. Der schriftliche Antrag auf Fristverlängerung muss vor Fristablauf bei Gericht eingehen.

4. **In diesem Verfahren besteht Anwaltszwang.** Wenn sich die Antragsgegnerseite gegen den Antrag verteidigen will, hat sie einen zugelassenen Rechtsanwalt zu bestellen. **Handlungen, welche die Beteiligten selbst vornehmen, sind verfahrensrechtlich unwirksam.** Wird für die antragsgegnerische Beteiligtenseite kein zugelassener

Rechtsanwalt tätig, kann gegen sie ein Versäumnisbeschluss ergehen.

Direktor des Amtsgerichts

Beglaubigt:

(Dienstsiegel)

Justizobersekretärin

als Urkundsbeamtin der Geschäftsstelle

2. <u>Schreiben der Kanzlei „Wohlsein" an die Kindesmutter:</u>[13]

In Sachen: G. ./. A.

Sehr geehrte Damen und Herren,

anliegendes Dokument übersenden wir Ihnen

mit der Bitte um Öffnung und Kenntnisnahme.

Mit freundlichen Grüßen

i.A. Rechtsanwaltsgehilfin

Kanzlei Wohlsein

[13] 21.01.2020

3. Schreiben der Kanzlei „Wohlsein“ an die Kindesmutter:[14]

In Sachen: A. ./. G.

Sehr geehrte Frau G.,

in obiger Angelegenheit erhalten Sie die Verfügung des Amtsgerichts vom 17.01.2020, hier am 20.01.2020 eingegangen, zur Kenntnisnahme.

Eine Frist ist auf den **03.02.2020** gesetzt.

Mit freundlichen Grüßen

Rechtsanwältin

[14] 21.01.2020

4. Schreiben der Kindesmutter an die Rechtsanwältin:[15]

Aktenzeichen

Sehr geehrte Frau Rechtsanwältin,

vielen Dank für die Zustellung der Verfügung des Amtsgerichts.

Mit dem schriftlichen Vorverfahren erkläre ich mich einverstanden. Meiner Ansicht nach sollte bereits vor Ablauf der Frist zur Abgabe der Verteidigungsanzeige der Antrag auf Erlass eines Versäumnisbeschlusses gestellt werden.

Die Gerichtskosten habe ich gezahlt, weil mir hierzu seitens des Amtsgerichts eine Rechnung der Landesjustizkasse zugestellt worden ist. Dennoch soll der VKH-Antrag weiterverfolgt werden.

Mit freundlichem Gruß

Kindesmutter

[15] 21.01.2020

5. Beschluss des Amtsgerichts:[16]

Beschluss

In der Familiensache

G.

- Antragstellerin -

Verfahrensbevollmächtigte: Kanzlei „Wohlsein“

gegen

A.

- Antragsgegner -

Weitere Beteiligte:

Kinder:

1) Älteste Tochter
2) Jüngere Tochter

Jugendamt:

Jugendamt der Kreisverwaltung

[16] 21.01.2020

wegen Kindesunterhalt

hat das Amtsgericht – Familiengericht – durch den Direktor des Amtsgerichts am 21.01.2020 beschlossen:

Der Antrag der Antragstellerin vom 17.12.2019 auf Bewilligung von Verfahrenskostenhilfe wird abgelehnt.

Gründe:

Die vom Gericht festgestellte Vermögenslage der Antragstellerin lässt unter Anwendung von § 113 Abs. 1 FamFG, §§ 114, 115 Abs. 3 ZPO, § 90 SGB XII analog die Bewilligung von Verfahrenskostenhilfe nicht zu. Es ist der Antragstellerin zumutbar, das eigene Vermögen in Form von Bankguthaben zur beabsichtigten Rechtsverfolgung einzusetzen, was die Antragstellerin ja auch in zwei Parallelverfahren tut.

Der Antrag auf Bewilligung von Verfahrenskostenhilfe ist daher abzulehnen.

Rechtsbehelfsbelehrung:

Gegen diesen Beschluss findet für den die Verfahrenskostenhilfe beantragende Beteiligten das Rechtsmittel der **sofortigen Beschwerde** nach §§ 127 Abs. 2 Satz 2, 567 ff ZPO (im Folgenden: Beschwerde) statt.

Die Beschwerde ist binnen einer Notfrist von 1 Monat beim Amtsgericht oder beim Landgericht einzulegen.

Die Notfrist beginnt mit der Zustellung der Entscheidung, spätestens mit dem Ablauf von fünf Monaten nach Erlass (§ 38 Abs. 3 FamFG) des

Beschlusses. Fällt das Fristende auf einen Sonntag, einen allgemeinen Feiertag oder Sonnabend, so endet die Frist mit Ablauf des nächsten Werktages.

Die Beschwerde wird durch Einreichung einer Beschwerdeschrift oder zur Niederschrift der Geschäftsstelle eingelegt. Die Beschwerde kann auch zur Niederschrift der Geschäftsstelle eines anderen Amtsgerichts erklärt werden; die Beschwerdefrist ist jedoch nur gewahrt, wenn das Protokoll rechtzeitig bei einem der oben genannten Gerichte, bei denen die Beschwerde einzulegen ist, eingeht.

Die Beschwerdeschrift muss die Bezeichnung der angefochtenen Entscheidung sowie die Erklärung enthalten, dass Beschwerde gegen diese Entscheidung eingelegt wird.

Sie soll begründet werden.

Für die Staatskasse ist die Beschwerde nicht statthaft.

Rechtsbehelfe können auch als **elektronisches Dokument** eingereicht werden. Eine einfache E-Mail genügt den gesetzlichen Anforderungen nicht.

Das elektronische Dokument muss

- Auf einem sicheren Übermittlungsweg oder
- An das für den Empfang elektronischer Dokumente eingerichtete Elektronische Gerichts- und Verwaltungspostfach (EGVP) des Gerichts.

Wegen der sicheren Übermittlungswege wird auf § 130a Absatz 4 der Zivilprozessordnung verwiesen. Hinsichtlich der weiteren Voraussetzungen zur elektronischen Kommunikation mit den Gerichten wird auf die Verordnung über die technischen Rahmenbedingungen des elektronischen Rechtsverkehrs und über das besondere elektronische Behördenpostfach (Elektronischer-Rechtsverkehr-Verordnung – ERVV) in der jeweils geltenden Fassung sowie auf die Internetseite www.justiz verwiesen.

Direktor des Amtsgerichts

Erlass des Beschlusses (§ 38 Abs. 3 Satz 3 FamFG):

Übergabe an die Geschäftsstelle

am 22.01.2020.

Justizsekretär

als Urkundsbeamter der Geschäftsstelle

6. <u>Schreiben der Kanzlei „Wohlsein“ an die Kindesmutter:</u>[17]

In Sachen: G. ./. A.

Sehr geehrte Damen und Herren,

anliegendes Dokument übersenden wir Ihnen

mit der Bitte um Öffnung und Kenntnisnahme.

Mit freundlichen Grüßen

i.A. Rechtsanwaltsgehilfin

Kanzlei Wohlsein

[17] 23.01.2020

7. Schreiben der Kanzlei „Wohlsein“ an die Kindesmutter:[18]

In Sachen: A. ./. G.

Sehr geehrte Frau G.,

anliegend erhalten Sie den Beschluss des Amtsgerichts vom 22.01.2020 zur Kenntnisnahme.

Eine Frist zur Beschwerde ist auf den **24.02.2020** gesetzt worden.

Mit freundlichen Grüßen

Rechtsanwältin

---

[18] 23.01.2020

8. Schreiben der Kindesmutter an die Rechtsanwältin:[19]

Aktenzeichen

Sehr geehrte Frau Rechtsanwältin,

vielen Dank für die Zusendung des Beschlusses des Amtsgerichts.

Sind Sie denn der Meinung, dass eine Beschwerde Sinn macht?

Die Begründung des Einsatzes von "Vermögen" in Parallelverfahren schmälert ja immerhin nicht die Zusatzkosten.

Mit freundlichen Grüßen

Kindesmutter

[19] 23.01.2020

9. Schreiben der Kindesmutter an die Rechtsanwältin:[20]

Aktenzeichen

Sehr geehrte Frau Rechtsanwältin,

vielleicht sollte die Argumentation sogar gegenläufig ausfallen, indem die Frage gestellt wird, ob die Bewilligung der Verfahrenskostenhilfe nicht auch zur beabsichtigten Rechtsverfolgung in den Parallelverfahren Geltung finden kann.

Mit freundlichen Grüßen

Kindesmutter

[20] 23.01.2020

10. Schreiben der Kanzlei „Wohlsein“ an die Kindesmutter:[21]

In Sachen: G. ./. A.

Sehr geehrte Damen und Herren,

anliegendes Dokument übersenden wir Ihnen

mit der Bitte um Öffnung und Kenntnisnahme.

Mit freundlichen Grüßen

i.A. Rechtsanwaltsgehilfin

Kanzlei Wohlsein

[21] 27.01.2020

11. Schreiben der Kanzlei „Wohlsein" an die Kindesmutter:[22]

In Sachen: G. ./. A.

Sehr geehrte Kindesmutter,

Sie teilten in der Parallelangelegenheit mit, dass sich Ihr Bankguthaben inzwischen schon wesentlich reduziert hat. Insofern bitte ich Sie um die Hereinreichung von aktuellen Kontoauszügen. Das Gericht geht davon aus entsprechend der Eintragung im VKH-Antrag, dass sich das Bankguthaben auf einen Betrag von € beläuft. Sollte sich dies geändert haben, bitte ich um Hereinreichung aktueller Unterlagen.

Mit freundlichen Grüßen

Rechtsanwältin

[22] 27.01.2020

12. Schreiben der Kindesmutter an die Rechtsanwältin:[23]

Aktenzeichen

Sehr geehrte Frau Rechtsanwältin,

anbei, wie erbeten, die Hereinreichung aktueller Unterlagen und aktueller Kontoauszüge (vom heutigen Tag).

In Anbetracht des deutlich geschrumpften Bankguthabens bitte ich das Gericht auch um Bewilligung des VKH-Antrages in den beiden übrigen gerichtlich erwähnten Fällen (Unterhaltsrückstände aus 2016 für meine beiden Zwillinge).

Mit freundlichen Grüßen

Kindesmutter

[23] 27.01.2020

13. Schreiben der Kindesmutter an die Rechtsanwältin:[24]

Aktenzeichen

Sehr geehrte Frau Rechtsanwältin,

zur Ergänzung noch meine E-Mails mit den beigefügten Überweisungsbelegen an den Handwerker, sofern sie überhaupt aktuell durchgeführt werden konnten.

Wegen mangelnder Deckung müssen/können zwei Überweisungen erst verspätet manuell ausgeführt werden.

Mit freundlichen Grüßen

Kindesmutter

[24] 27.01.2020

Kolibri 360 GmbH
Ferdinand-Jühlke-Straße 7
99095 Erfurt, Deutschland
produktsicherheit@kolibri360.de

Druck:
CPI Druckdienstleistungen GmbH
im Auftrag der
Kolibri 360 GmbH
Ferdinand-Jühlke-Str. 7
99095 Erfurt